Naam:

www.ingramcontent.com/pod-product-compliance
Lightning Source LLC
Chambersburg PA
CBHW071218220526
45468CB00002B/651
* 9 7 8 1 7 9 5 2 1 5 7 7 0 *